Bibliografische Information der Deutschen Nationalbibliothek:

Die Deutsche Bibliothek verzeichnet diese Publikation in der Deutschen National-
bibliografie; detaillierte bibliografische Daten sind im Internet über http://dnb.d-
nb.de/ abrufbar.

Impressum:

Copyright © 2018 GRIN Verlag
Druck und Bindung: Books on Demand GmbH, Norderstedt Germany
ISBN: 9783668872028

Dieses Buch bei GRIN:

https://www.grin.com/document/454921

Volker Julius

Konzeption einer Anschlussstudie zur Studie "Stellenwert der Gesundheitsökonomie in Deutschland"

GRIN Verlag

Portfolio

Konzeption einer Anschlussstudie zur Studie „Stellenwert der Gesundheitsökonomie in Deutschland"

Volker Julius

Abgabedatum: 18.11.2018

Inhaltsverzeichnis

Abbildungsverzeichnis

Tabellenverzeichnis

1 Einleitung

Da sowohl die Finanzierung, als auch die Qualität von Gesundheitsleistungen zuneh-mend an Bedeutung gewinnen und Ineffizienzen vermieden werden sollen (Epoch Times, 2018), soll diese Arbeit die Studie von Potempa und Rychlik, *„Zum Stellenwert der Gesundheitsökonomie in Deutschland"* thematisieren.

Zunächst soll die Ausgangsstudie strukturiert zusammengefasst und das detektierte Hauptmerkmal beschrieben werden. Dies dient hiernach als Grundlage für eine An-schlussstudie. Diese wird nach einer Beurteilung der Ausgangsstudie detailliert vorge-stellt und beschrieben.

2 Zusammenfassung der Ausgangsstudie

Die Ausgangsstudie untersucht den Stellenwert der Gesundheitsökonomie in Deutsch-land. Da die Gesundheitsökonomie sowohl bei Leistungserbringern, wie Krankenhäu-sern oder Arztpraxen, als auch bei den Kostenträgern, den Krankenkassen, einen seit den 1990er Jahren zunehmend größeren Einfluss erhält, soll der Stellenwert dieser Wis-senschaftsdisziplin bei den Akteuren im Gesundheitswesen dargestellt werden (Po-tempa & Rychlik, 2018). *Die Gesundheitsökonomie (oder auch Gesundheitsökonomik) setzt sich mit wirtschaftlichen Fragen des Gesundheitswesens und der Medizin ausei-nander.* (AOK, 2016, S. 1)

Zur besseren Einordnung der Ausgangsstudie werden zunächst die Hintergründe be-schrieben und die Ausgangslage, sowie das Studienziel dargestellt.

2.1 Hintergründe und Ziele der Ausgangsstudie

Der wirtschaftliche Aspekt im Gesundheitswesen gewinnt zunehmend an Bedeutung, dies zeigt sich sowohl in der Sozialgesetzgebung durch das Wirtschaftlichkeitsgebot, als auch durch geänderte Vergütungsformen für die Leistungserbringer. Jedoch existieren keine international gültigen Maßstäbe. Deutschland lässt darüber hinaus einige aner-kannte Methoden außer Acht, wie die Kosten-Effektivitätsanalyse, um die ideale Me-thode zur Behandlung zu detektieren oder eine Einbeziehung von inkrementellen und intangiblen Kosten (Potempa & Rychlik, 2018).

Da die Einstellung der Akteure im Gesundheitswesen zur Gesundheitsökonomie für die zukünftige Ausrichtung der Wissenschaftsdisziplin eine bedeutende Rolle einnimmt und für eine internationale Einordnung notwendig ist, soll durch die Ausgangsstudie der Stel-lenwert der Gesundheitsökonomie in Deutschland erhoben und eingeordnet werden. Da vergleichbare Studien, die alle Akteure im Gesundheitswesen betreffen, nicht vorhanden sind, soll diese Lücke durch diese Studie geschlossen werden (Potempa & Rychlik, 2018).

Die vorliegende Studie stellt keine Hypothesen auf, sondern möchte den aktuellen Stellenwert der Gesundheitsökonomie zum einen bei den einzelnen Akteuren und zum anderen in der Gesamtheit der Akteure abfragen und einordnen. Die Methodik der Studie wird im Folgenden dargestellt.

2.2 Methodik

Es wurden, anhand eines doppelseitigen Surveys, welches durch eine Kooperation von DAK-Gesundheit und dem Institut für Empirische Gesundheitsökonomie entwickelt wurde, Akteure im Gesundheitswesen befragt. Der Survey bestand aus einem Frageteil zum institutionellen Hintergrund, zur gesundheitsökonomischen Informationsbeschaffung der einzelnen Akteure und der Großteil befasste sich mit Fragen zur subjektiven Relevanz der gesundheitsökonomischen Positionen und der subjektiven Einstellung dazu. Hierzu wurden insgesamt 1500 Krankenhäuser, 1800 Ärzte, 17 Ärztekammern, 73 Gesundheitspolitiker, 113 gesetzlichen und 44 private Krankenkassen angeschrieben und befragt und nach vier Wochen erinnert, insofern noch nicht geantwortet wurde. Die Befragten konnten bei Fragen zur Gesundheitsökonomie zwischen fünf Antwortmöglichkeiten wählen. „Stimmt", „Stimmt teilweise", „Stimmt weniger", „Stimmt nicht" und „Weiß nicht" bzw. „Keine Angabe" waren durch die Autoren vorgegeben (Potempa & Rychlik, 2018).

152 vollständige Antworten wurden daraufhin zunächst in einer Datenbank erfasst und danach mit deskriptiven statistischen Methoden analysiert.

2.3 Analyse

Die Daten wurden sowohl in der Gesamtheit, als auch nach institutionellem Hintergrund analysiert und aufbereitet. Hierzu wurden vier institutionelle Gruppen gebildet: Ärzteschaft, Krankenhäuser, Krankenkassen und sonstige Teilnehmer.

Dadurch wurde eine direkte Vergleichbarkeit von Positionen der einzelnen Gruppen geschaffen. 17 Teilnehmer gaben an mehreren Institutionen anzugehören, dies wurde in der Analyse berücksichtig. Somit wurden zum Teil 169 Rückmeldungen in die Auswertung einbezogen.

2.4 Ergebnisse und Präsentation

Die Ergebnisse der Studie wurden anhand von Tabellen und Balkendiagrammen dargestellt und Besonderheiten detailliert im Text erörtert.

Zuerst wurde die Rückläuferquote dargestellt. Dies belief sich gesamt auf 4,8 %, wobei zu erwähnen ist, dass die Leistungserbringer (Krankenhäuser und Ärzte) hierbei eine niedrigere Rückläuferquote aufweisen als vor allem die Kostenträger. Diesbezüglich

schlossen die Autoren auf einen ersten Hinweis zum Stellenwert der Gesundheitsökonomie bezogen auf die jeweilige institutionelle Gruppe.

Tabelle 1: Verteilung der Teilnehmer nach Institutionen

Institution	Rückmeldung*	Anteil (in %)	Kontaktiert	Teilnahmequote (in %)
PKV	13	9	44	29,5
GKV	23	15	113	20,4
Ärztekammer	3	2	17	17,6
Politik	10	7	73	13,7
Krankenhaus	59	39	1500	3,9
Ärzteschaft	61	40	1800	3,3

* Insgesamt sind an dieser Stelle 169 Rückmeldungen aufgezählt. Die Differenz zu den oben erwähnten
152 Erhebungsbögen liegt darin begründet, dass einige Teilnehmer mehr als eine institutionelle
Zugehörigkeit dokumentiert haben.

(Potempa & Rychlik, 2018, S. 154)

Dennoch informieren sich mehr als 50 % der Befragten regelmäßig oder täglich zu The-
men der Gesundheitsökonomie und besuchen Veranstaltungen dazu. Die Mehrheit fühlt
sich ausreichend über das Themenfeld informiert.

Die nachfolgende Tabelle stellte die prozentuale Verteilung der gesamten Befragten zu
den gestellten Einstellungsfragen zur Gesundheitsökonomie dar.

Tabelle 2: Ergebnisse der Einstellungsfragen zur Gesundheitsökonomie

Einstellung	Stimmt	Stimmt teilweise	Stimmt weniger	Stimmt nicht
Gesundheitswesen zielt zunehmend auf Kosteneinsparungen ab	54%	28%	9%	7%
Ökonomische Vorgaben dürfen Medizin nicht dominieren	31%	49%	9%	9%
Krankenhausumsatz darf nicht Primärziel sein	64%	20%	9%	5%
Durchökonomisierung der Medizin sollte vermieden werden	45%	34%	13%	5%
Einbeziehung des Patienten in ökonomische Überlegungen wichtig	51%	25%	14%	7%
Mehr Transparenz in den Kosten des Gesundheitswesens	68%	18%	8%	3%
Gesundheitsökonomie hilft Organisation im Alltag	42%	24%	17%	12%
Weiterentwicklung des DRG-Systems essenziell	44%	21%	13%	12%
Gesundheitsökonomie passt nicht zum Solidarsystem	5%	26%	15%	47%
Unter den aktuellen Bedingungen kann hochwertige Versorgung gewährleistet werden	31%	34%	16%	14%
Effizientere Behandlungsmethoden können durch Gesundheitsökonomie identifiziert werden	38%	36%	9%	8%
Gesundheitsökonomie kann Ausgaben im Gesundheitswesen gerecht verteilen	15%	43%	22%	13%
Gesundheitsökonomie spart Kosten, verschlechtert jedoch die Versorgungsqualität	17%	30%	18%	28%
Lebensqualitätsmessungen wichtig für gesundheitsökonomische Analysen	61%	18%	10%	3%
Deutschland braucht mehr gesundheitsökonomische Analysen, um das Gesundheitswesen leistungsfähig zu erhalten	41%	26%	9%	12%

* In den Fällen, in denen die Addition der vier Anteilswerte keine 100 % ergibt, liegt item-nonresponse vor. Der übrige Teil der Befragten wählte in
diesen Fällen entweder die Antwort „Weiß Nicht" bzw. machte „Keine Angabe" zum entsprechenden Sachverhalt.

(Potempa & Rychlik, 2018, S. 155)

Im Allgemeinen stellten die Autoren dar, dass die Antworten gruppenübergreifend zum Großteil einheitlich waren, jedoch in einzelnen Bereichen teils stark auseinander gingen. Die einzelnen Aspekte sind der Originalarbeit zu entnehmen.

Besonders ist das Antwortverhalten zwischen Leistungserbringer und Kostenträgern im Bereich der Kostenproblematik und Versorgungsqualität zu sehen. Hier stimmen die Kostenträger dem Item nicht zu, dass Gesundheitsökonomie Kosten spart, jedoch die Versorgungsqualität verschlechtert. Die Krankenhausverantwortlichen waren geteilter Ansicht, wohingegen die Ärzteschaft dem Item weitgehend zustimmte. Dies wurde in der Studie anhand nachfolgender Grafik dargestellt.

Abbildung 1: Durch Ansätze der Gesundheitsökonomie lassen sich zwar Kosten sparen, die Qualität der Versorgung verschlechtert sich jedoch

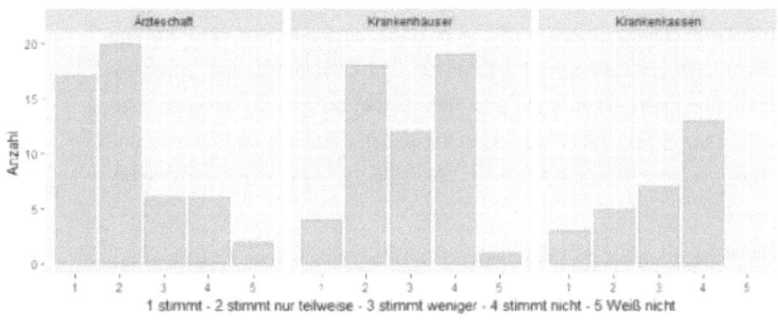

(Potempa & Rychlik, 2018, S. 156)

Somit zeigt sich sowohl in der Antwortquote, als auch im Antwortverhalten, dass die Leistungserbringer die Gesundheitsökonomie differenziert einordnen als das die Kostenträger durchgeführt haben.

Die durchgeführte Studie von Potempa und Rychlik kann als Grundlage für zahlreiche weitere Studien und Fragestellungen im Bereich der Gesundheitsökonomie dienen.

2.5 Anschlussfragen und Beurteilung

Zunächst drängt sich die Frage auf, warum haben Leistungserbringer scheinbar weniger Interesse an Gesundheitsökonomie als Kostenträger und politische Akteure? Ist die niedrige Rückläuferquote auf mangelndes Interesse zurück zu führen oder sind weitere Gründe, wie Zeitmangel oder Resignation dem System gegenüber, für eine niedrige Rückläuferquote verantwortlich. Um dies besser beurteilen zu können, wäre es hilfreich, wenn die Autoren die Verteilung und Auswahl der Befragten näher beschrieben hätten. Ebenso wäre es interessant, ob es weitere motivierende Aspekte zum Ausfüllen des Fragenbogens gab, außer dem Erinnerungsanruf.

Weiterhin ist für ein weiteres gesundheitsökonomisches Vorgehen interessant welche Methoden und Maßnahmen der Gesundheitsökonomie für einen qualitativen und ökonomischen Vorteil durch die Leistungserbringer und Kostenträger angesehen werden. Besonders interessant scheint, ob der ambulante Sektor Maßnahmen und Methoden ebenfalls nach Qualität und Kosten wie der stationäre Sektor einordnet und umgekehrt. Somit könnten Maßnahmen und Methoden detektiert werden, die sowohl zu einer besseren Qualität, als auch wenigstens zur Kostenstagnation beitragen können. Ebenso kann ggf. aus den Ergebnissen geschlossen werden, wie das sektorale Spannungsfeld im Gesundheitswesen ausgeprägt ist.

3 Anschlussstudie

Da aktuell in den Medien die Frage nach einer effizienten und kostengünstigen Gesundheitsversorgung in Deutschland gestellt wird und es nach der EU-Kommission, im Vergleich zu weiteren EU-Mitgliedsstaaten, Ineffizienzen und Qualitätsmängel, sowie ein Missverhältnis zwischen finanziellem Input und dem Output anhand der Lebenserwartung gibt (Epoch Times, 2018), soll in der folgenden Anschlussstudie zu Potempa und Rychlik, *„Zum Stellenwert der Gesundheitsökonomie in Deutschland"* diese Aspekte näher untersucht werden.

Im weiteren Verlauf soll zunächst die Ideenfindung und Konzeption einer Anschlussstudie dargelegt werden, bevor das Studiendesign und Studienmethode. sowie die anschließende Auswertung der erhobenen Daten beschrieben wird. Abschließend sollen eine mögliche Präsentation und Einordnung von Ergebnissen stattfinden.

3.1 Initiierung

Die zuvor genannten Punkte und Überlegungen führen zu folgender Fragestellung: Können Maßnahmen und Konzepte der Gesundheitsökonomie sowohl zur Qualitätssteigerung, als auch zur Kostenreduktion in der medizinischen Versorgung dienen?

Um die Fragestellung und die Themenwahl auf Durchführbarkeit und Relevanz zu überprüfen, wurde dies anhand der sieben Fragen aus Hug & Poscheschnik überprüft (Hug & Poscheschnik, 2015).

1. *Das Thema muss wissenschaftlich relevant sein:* Ja, vgl. fortwährende Diskussionen in der Politik und Gesellschaft über die Qualität und Effizienz im Gesundheitswesen.

2. *Das Thema sollte gesellschaftlich relevant sein:* Da die Bezahlbarkeit und der Gesundheitszustand die Gesamtbevölkerung betreffen, ist die Fragestellung somit gesellschaftlich relevant (vgl, Epoch Times, 2018).

3. *Die Themenbearbeitung muss an aktuelles Fachwissen anknüpfen:* Die Ausgangsstudie ist aus dem Jahr 2018, somit knüpft die Anschlussstudie an aktuelles Fachwissen an.

4. *Das Thema muss mit wissenschaftlichen Methoden bearbeitbar sein:* Eine Einordnung von Methoden und Konzepten der Gesundheitsökonomie ist mit wissenschaftlichen Methoden möglich.

5. *Das Thema muss klar und eindeutig formuliert sein:* Siehe Forschungsfrage.

6. *Relevante Quellen müssen verfügbar sein:* Siehe Literaturverzeichnis und Studienlage.

7. *Die eigenen Vorkenntnisse müssen ausreichen:* Sollten vorhanden sein bzw. erlernt werden.

Mit der positiven Beantwortung der Fragen, zeigt sich, dass es möglich ist die gestellte Forschungsfrage empirisch zu beantworten. Die Planung der Studie soll nachfolgend dargestellt werden.

3.2 Planung

Um die gestellte Forschungsfrage beantworten zu können, soll auf die quantitative Forschungsmethode zurückgegriffen werden. Es sollen bereits erarbeitete und mögliche Ansätze der Gesundheitsökonomie von den beteiligten Akteuren bewertet und anhand statistischer Methoden empirisch überprüft werden. Es sollen mittels des Studiendesigns eines Surveys die Leistungserbringer und Kostenträger im Gesundheitswesen eine Einordnung von Maßnahmen und Konzepten der Gesundheitsökonomie in Bezug auf Qualität und Kosten durchführen. Darüber hinaus soll der wissenschaftliche Standpunkt anhand der Bewertung der zuvor genannten Kriterien von Studiengangsleiterinnen und Studiengangsleiter von gesundheitsökonomischen Studiengängen erhoben werden. Weiterhin sollen die Befragten ihre Gruppenzugehörigkeit im Gesundheitswesen benennen, um weitere Rückschlüsse auf das Antwortverhalten ziehen zu können. Diese erste Einordnung von Maßnahmen und Konzepten soll eine spätere Überprüfung der hier detektierten möglichen Ansätze in weiteren Forschungsprojekten, wie z. B. einer Feldstudie o. ä., vorbereiten.

Um die gestellte Forschungsfrage treffend beantworten zu können, wurden folgende, durch den Survey zu überprüfenden, Hypothesen gebildet.

H0: Die befragten Gruppen ordnen die Maßnahmen und Konzepte der Gesundheitsökonomie differenziert ein.

H1: Die befragten Gruppen ordnen die Maßnahmen und Konzepte der Gesundheitsökonomie einheitlich ein.

Sollte die Hypothese H0 bestätigt werden, so kann hieraus geschlossen werden, dass entweder einheitlich keine Maßnahmen und Konzepte der Gesundheitsökonomie zur Qualitätssteigerung und Kostenreduktion durch die beteiligten Gruppen gesehen werden oder, dass die befragten Gruppen anhand von Partialinteressen (sektorales Spannungsfeld, Spannungsfeld Leistungserbringer und Kostenträger) die Einordung von Maßnahmen und Konzepten tätigen. Jedoch, falls Hypothese H1 bestätigt wird, kann hieraus abgeleitet werden, dass entweder, bei Ablehnung aller Maßnahmen und Konzepte, keine solchen Ansätzen zur Qualitätssteigerung unter gleichzeitiger Kostenreduktion angesehen werden oder entsprechende Maßnahmen und Konzepte detektiert werden können, die zur Erfüllung der Qualitäts- und Kostenanforderungen dienen. Als Signifikanzniveau für die Hypothesenüberprüfung soll 5 % dienen.

Nachfolgend soll das Studiendesign und die Studienmethode, sowie die beabsichtigte Vorgehensweise zur Datenerhebung beschrieben werden.

3.3 Datenerhebung

Der Survey soll über die zuständigen Stellen, über bestehende Email-Verteilerlisten an die jeweiligen Personen verteilt werden. Somit kann die Geschäftsführung der Krankenhäuser, als Repräsentant des stationären Sektors, über die Deutsche Krankenhausgesellschaft adressiert werden. Die niedergelassenen Ärztinnen und Ärzte, als Vertreter des ambulanten Sektors, können über die Kassenärztliche Bundesvereinigung erreicht werden. Hier soll darauf hingewiesen werden, dass die niedergelassenen Ärztinnen und Ärzte ohne Kassensitz in dieser Studie nicht berücksichtigt werden, es können jedoch über die Kassenärztliche Bundesvereinigung ca. 172000 Arztpraxen erreicht werden, die dort organisiert sind (Kassenärztliche Bundesvereinigung, 2018). Weiterhin sollen alle Gesetzlichen Krankenkasse über den GKV-Spitzenverband und die Privaten Krankenversicherungen über den Verband der Privaten Krankenversicherung angeschrieben. Durch die Adressierung über einen Dachverband sollen sowohl eine gute Erreichbarkeit der Befragten, als auch eine Steigerung der Responsequote erreicht werden, da somit die Relevanz dieser Befragung zu den Teilnehmern transportiert werden kann. Darüber hinaus sollen die Studiengangsleiterinnen und Studiengangsleiter von gesundheitsökonomischen Fachrichtungen an der Studie teilnehmen und befragt werden, hierzu sollen die deutschen Hochschulen ebenfalls per Email kontaktiert und der elektronische Survey übermittelt werden. Somit ergibt sich als Studienmethode eine Onlinesurvey, die per Email an den Teilnehmerkreis versandt wird. Nachfolgend wird der Survey anhand der Abbildung dargestellt und erörtert.

Abbildung 2: Gesundheitsökonomie-Survey Seite 1

Gesundheitsökonomie - Survey

KONZEPTE UND METHODEN ZU QUALITÄT UND KOSTEN IM GESUNDHEITSWESEN

Herzlichen Dank, dass Sie sich die Zeit für diese Survey nehmen. Um Methoden und Konzepte für eine kostengünstigere und zugleich qualitativ bessere gesundheitlichen Versorgung praxisnah beurteilen zu können, bitten wir Sie die nachfolgenden Aussagen mit einem Kreuz, welches am ehesten Ihrer Auffassung entspricht zu bewerten und an survey@Gesundheiswesen.de zurück zu senden. Der Survey wird anonym behandelt.

	Stimme zu	Stimme eher zu	Wieder noch	Stimme eher nicht zu	Stimme nicht zu
Frage 1: Der Morbi-RSA verteilt das Gesamtbudget im Gesundheitswesen effizient.	☐	☐	☐	☐	☐
Frage 2: Der Einheitliche Bewertungsmaßstab und die Budgetierung führen zu einer Unterversorgung der Bevölkerung mit Gesundheitsleistungen.	☐	☐	☐	☐	☐
Frage 3: Das German DRG System vermindert die Versorgungqualität im stationären Sektor.	☐	☐	☐	☐	☐
Frage 4: Das Wirtschaftlichkeitsgebot ist für das Gesundheitssystem notwendig.	☐	☐	☐	☐	☐
Frage 5: Das Angebot von individuellen Gesundheitsleistungen (IGel) steigert die Versorgungsqualität im ambulanten Sektor.	☐	☐	☐	☐	☐
Frage 6: Ein Pay for Performance System steigert die Versorgungqualität im stationären Sektor.	☐	☐	☐	☐	☐

(Quelle: eigene Darstellung)

Abbildung 3: Gesundheitsökonomie-Survey Seite 2

Gesundheitsökonomie - Survey

SEITE 2

	Stimme zu	Stimme eher zu	Wieder noch	Stimme eher nicht zu	Stimme nicht zu
Frage 7: Das Modell „ Gesundes Kinzigtal" kann als Vorbild für ein deutschlandweites System dienen.	☐	☐	☐	☐	☐
Frage 8: Ein verbindliches System der Hausarztzentrierten Versorgung reduziert Kosten.	☐	☐	☐	☐	☐
Frage 9: Die duale Krankenhausfinanzierung wirkt kostenreduzierend.	☐	☐	☐	☐	☐
Frage 10: Die Regelungen zur Kassenzulassung im ambulanten Bereich sind notwendig, um Versorgungsqualität nicht zu gefährden.	☐	☐	☐	☐	☐
Frage 11: Die Krankenhausdichte und Krankenhausbettenanzahl sind notwendig, um die Versorgungsqualität nicht zu gefährden.	☐	☐	☐	☐	☐

	Stationärer Sektor	Ambulanter Sektor	Private Krankenkasse	Gesetzliche Krankenkasse	Hochschule
Frage 12: Welcher Interessengruppe gehören Sie an?	☐	☐	☐	☐	☐

Vielen Dank für Ihre Teilnahme!

(Quelle: eigene Darstellung)

Der Survey besteht aus einem kurzen Anschreiben mit Beschreibung zur richtigen Durchführung der Survey und der Antwortadresse zum Zurücksenden. Hieran schließt sich der Fragenteil mit elf spezifischen Aussagen zu gesundheitsökonomischen Methoden und Konzepten an, der anhand einer fünfstufigen Skala zugestimmt oder widersprochen werden kann. Dem folgend wird zur weiteren statistischen Auswertung die Zugehörigkeit zu einer Interessensgruppe erfragt. Es wird bewusst auf eine Abfrage des spezifischen Wissens zur Bekanntheit der einzelnen Methode verzichtet. Da zum einen davon ausgegangen werden kann, dass die Gruppen der Befragten sich im Bereich des Gesundheitswesens durch ihre Qualifikation sicher auskennen und zum anderen dies bei der Mehrzahl der Befragten zu einem Motivationsverlust der Umfrage betreffend führen könnte.

Die Fragen des Survey betreffen drei Gebiete des Gesundheitswesens, die Fragen eins, vier und sieben betreffen vorrangig die grundlegenden Handlungsrahmen aller Player im Gesundheitswesen. Die Fragen zwei, fünf, acht und zehn betreffen die Konzeption im ambulanten Bereich. Die Fragen drei, sechs, neun und elf sind im stationären Sektor angesiedelt. Die Frage zwölf dient zur Einordnung der entsprechenden Interessensgruppe. Die Fragengebiete wurden abwechselnd gestaltet, um keine Wertung oder Präferenz für ein bestimmtes Gebiet zu suggerieren. Ebenso wurde zwischen positiven und negativen Aussagen gewechselt, um ein unbewusst zustimmenderes oder ablehnenderes Antwortverhalten auszuschließen. Somit kann sichergestellt werden, dass alle Bereiche (Konzeptioneller Rahmen, ambulanter und stationärer Sektor) von vier unterschiedlichen Expertenblickwinkeln bewertet wird (Kostenträger, ambulante und stationäre Leistungserbringer und Wissenschaft).

Mit dem ersten Item soll die Meinung der Befragten zu der grundsätzlichen Verteilung des finanziellen Budgets zu dessen Effizienz erfragt werden. Hier scheint interessant, ob alle Befragten eine einheitliche Sichtweise auf die Funktionsweise des Gesundheitsfonds haben oder ob eine Gruppe Ineffizienzen feststellt.

In Item zwei sollen mögliche Qualitätsentwicklungen detektiert werden, die mit der Vergütung der ambulanten Leistungen einhergehen. Dies betrifft ebenfalls Item fünf.

Item drei und Item sechs spiegeln mögliche Maßnahmen zur Qualitätsbeeinflussung und Kostenreduktion im stationären Sektor wider.

Item vier soll zeigen, ob alle Gruppen eine übergeordnetes Wirtschaftlichkeitsgebot als notwendig erachten, um die Gesamtkosten des Gesundheitswesens als zukünftig für die Gesellschaft als finanziell tragbar zu gestalten.

In Item sieben soll ein Leuchtturmprojekt der integrierten Versorgung für eine deutschlandweite Umsetzung eingeordnet werden. Hieraus kann geschlossen werden, ob solche Anpassungen in der Versorgungsform Möglichkeiten zur Qualitätssteigerung für die Bevölkerung bieten und kostensenkend wirken kann.

In Item acht soll ein verbindliches System einer Hausarztzentrierten Versorgung (vgl. Holland) klassifiziert und eingeordnet werden, ob es zur Kostenreduktion beitragen kann. Ebenso stellt Item neun ein Bespiel für den stationären Sektor dar, welches bewertet werden soll.

Abschließend werden in den Items zehn und elf jeweils aus dem ambulanten und stationären Bereich ein tradiertes Steuerungselement für die Dichte an Leistungserbringern im jeweiligen Bereich dargestellt. Hierbei soll dargestellt werden, ob alle Gruppen der Befragten, den Status quo dieser Maßnahme als notwendig ansehen.

Die Auswahl der zuvor dargestellten Punkte ist nicht als vollständig zu sehen. Für die Auswahl war es zum einen bedeutsam markante Maßnahmen für die einzelnen Bereiche auszuwählen und zum anderen die Länge und Beantwortungsdauer der Survey in Grenzen zu halten, um eine höhere Compliance bezüglich des Survey und somit höhere Responsequote erreichen zu können.

3.4 Datenauswertung

Nach der Datenerhebung sollen zunächst die Rückläufer, die nicht korrekt ausgefüllt wurden aussortiert werden, bevor anhand deskriptiver statistischer Methoden die Gesamtzahl der eingegangenen Antworten, der Interessenszugehörigkeit und der Anzahl der jeweiligen Antwortmöglichkeit der einzelnen Items dargestellt werden. Hierbei kann die Studie als repräsentativ gelten, wenn die Rückläuferquoten im Bezug zur Gesamtzahl der möglichen Befragten in den einzelnen Gruppen eine Varianz kleiner 10 % hat. Da so weder eine Antwortgruppe unter- oder überrepräsentiert ist. Ebenso soll das Antwortverhalten nach Interessensgruppen aufgespalten und dargestellt werden. Dies erlaubt den ersten Vergleich der einzelnen Gruppierungen mit der Gesamtheit. Keine Beachtung in der Auswertung finden Antworten, die zu einzelnen Items mehr als ein Kreuz erhielten.

Weiterhin soll anhand des Gruppenantwortverhaltens ein Hypothesentest durchgeführt werden. Hierzu wird bei jedem Item der Mittelwert aus den Antworten für alle befragten Gruppen einzeln und für die Gesamtheit der Befragten gebildet. Hierbei erhält „Stimme zu" den Wert fünf, „Stimme eher zu" den Wert vier usw. bis zu „Stimme nicht zu" den Wert eins erhält. Liegen die gebildeten Mittelwerte der Gruppen weiter als ein Punkt vom Mittelwert des Gesamtergebnisses entfernt wird dies als differenziertes Antwortverhalten angesehen. Mit diesen vorliegenden Ergebnissen soll ein Hypothesentest bezogen auf die unter Kapitel 3.2 dargestellten Hypothesen durchgeführt werden. Das

Signifikanzniveau des Hypothesentests soll bei 5 % liegen für eine hochsignifikantes Ergebnis muss die Irrtumswahrscheinlichkeit kleiner 1 % sein.

Somit kann für jedes Item sowohl die Zustimmung oder Ablehnung der Gesamtheit, als auch von einzelnen Gruppen dargestellt werden. Aus dem Antwortverhalten kann somit eine Hypothese ausgeschlossen werden und auf dieser Grundlage und mit den Antworten auf die einzelnen Items die Forschungsfrage beantwortet werden.

3.5 Präsentation

Die erhobenen Daten sollen anhand eines Studienartikels und einer Präsentation dargestellt werden. Hierzu sollen zunächst die notwendigen Hintergründe in Form einer Einleitung beschrieben werden, bevor das Studiendesign und die Studienmethode vorgestellt und beschrieben werden. Darauffolgend sollen die Ergebnisse itembezogen grafisch dargestellt und im Fließtext erörtert werden. Abschließend wird die gestellte Forschungsfrage beantwortet und die Ablehnung bzw. Befürwortung der Hypothesen beschrieben. Weiterhin soll ein Ausblick für anschließende Forschungsmöglichkeiten gegeben werden und die Einschränkung und erkannte Schwächen dieser Studie dargestellt werden.

4 Zusammenfassung/Fazit

Wenn alle befragten Gruppen bei Ablehnung von H0 Ansätze der Gesundheitsökonomie als geeignet ansehen, kann die Forschungsfrage positiv beantwortet werden. Hierfür ist es notwendig, dass sowohl Fragen zur Qualität als auch zur Effizienz positiv beantwortet werden. Besonders wenn dieses Antwortverhalten sich in einem Sektor des Gesundheitswesens wiederfindet. Als Beispiel kann dienen, bei Annahme von H1 und nicht Zustimmung von Item zwei und Zustimmung von Item acht, kann die Forschungsfrage bejaht werden. Weiterhin können ggf. hierdurch Maßnahmen und Konzepte oder mögliche strategische Ausrichtungen von Rahmenbedingungen im Gesundheitswesen, die zu einer Qualitätssteigerung und/ Kostensenkung beitragen können aufgezeigt werden. Weiterhin kann, je nach Antwortverhalten, ein Spannungsfeld einzelner Gruppen Im Gesundheitswesen aufgezeigt werden. Interessant scheint ob z. B. der ambulante und stationäre Sektor gleiche Einschätzungen der Methoden sehen. Um gezielt einzelne hier detektierte Ansätze auf Durchführbarkeit, Ausgestaltung und Realisierbarkeit zu überprüfen, könnte Thema einer anderen Arbeit sein. Ebenso könnten die Gründe für eine mögliche Ablehnung von H1 durch eine hier anschließende Forschung ergründet werden.

5 Literaturverzeichnis

AOK (2016). *Gesundheitsökonomie.* Verfügbar unter: https://aok-bv.de/lexikon/g/index
_02041.html (19.10.2018)

Epoch Times (Hrsg.) (2018). *Brüssel kritisiert „Überversorgung" im deutschen Gesund-heitswesen.* Verfügbar unter: https://www-epochtimes-de.cdn.ampproject.org
/v/s/www.epochtimes.de/politik/deutschland/bruessel-kritisiert-ueberversorgung-im-deutschen-gesundheitswesen-a2688278.html/amp?_gsa=1&amp_js
_v=0.1#refrrer=https%3A%2F%2Fwww.google.com&_tf=Von%20%251%24s&a
mpshare=https%3A%2F%2Fwww.epochtimes.de%2Fpolitik%2Fdeutschland
%2Fbruessel-kritisiert-ueberversorgung-im-deutschen-gesundheitswesen-
a2688278.html (30.10.2018).

Hug, T. & Poscheschnik, G. (2015). *Empirisch forschen.* Wien: Huter & Roth.

Kassenärztliche Bundesvereinigung (Hrsg.) (2018). *Wer sind wir?* Verfügbar unter:
http://www.kbv.de/html/426.php (03.11.2018).

Potempa, C. und Rychlik, R. (2018). Zum Stellenwert der Gesundheitsökonomie in
Deutschland. *Gesundheitsökonomie & Qualitätsmanagement 23 (3), 152-158.*

ANSCHLUSSSTUDIE ZU „STELLENWERT DER GESUNDHEITS- ÖKONOMIE IN DEUTSCHLAND"

Prüfungsleistung in Empirische Forschung

Vorstellung der Ausgangsstudie und Konzeption einer Anschlussstudie

Agenda

- Zusammenfassung – Methodik

- Zusammenfassung – Ergebnisse

- Anschlussstudie – Ideenfindung und Forschungsfrage

- Anschlussstudie – Relevanz

- Anschlussstudie – Studiendesign und Studienmethode

- Anschlussstudie – Survey

- Anschlussstudie – Datenauswertung und Fazit

- Literaturverzeichnis

Quelle:
https://www.gotomeeting.com/de-
de/expertenwissen/der-weg-zur-
professionellen-meeting-agenda

Zusammenfassung

METHODIK

- Ziel der Studie ist ein Gesamtstimmungsbild der Player im Gesundheitswesen darzustellen.

- Survey aus 2017 (1500 Krankenhäuser, 1800 Ärzte, 17 Landesärztekammern, 73 Politiker, 113 Gesetzliche Krankenkassen, 44 Private Krankenkassen)

- Rückläuferquote insgesamt bei 4,8 % (152 Antworten)

- Deskriptive statistische Analyse der Daten, Gesamtauswertung und nach institutionellem Hintergrund.

 Somit konnten Positionen der unterschiedlichen Organisationen verglichen werden.

(Potempa & Rychlik, 2018)

Zusammenfassung

ERGEBNISSE

Verteilung der Teilnehmer nach Institution

Institution	Rückmeldung*	Anteil (in %)	Kontaktiert	Teilnahmequote (in %)
PKV	13	9	44	29,5
GKV	23	15	113	20,4
Ärztekammer	3	2	17	17,6
Politik	10	7	73	13,7
Krankenhaus	59	39	1500	3,9
Ärzteschaft	61	40	1800	3,3

* Insgesamt sind an dieser Stelle 169 Rückmeldungen aufgezählt. Die Differenz zu den oben erwähnten 152 Erhebungsbögen liegt darin begründet, dass einige Teilnehmer mehr als eine institutionelle Zugehörigkeit dokumentiert haben.

Leistungserbringer beider Sektoren

(Potempa & Rychlik, 2018)

Zusammenfassung

ERGEBNISSE

Ergebnisse der Einstellungsfragen zur Gesundheitsökonomie*

Einstellung	Stimmt	Stimmt teilweise	Stimmt weniger	Stimmt nicht
Gesundheitswesen zielt zunehmend auf Kosteneinsparungen ab	54 %	28 %	9 %	7 %
Ökonomische Vorgaben dürfen Medizin nicht dominieren	31 %	49 %	9 %	9 %
Krankenhausumsatz darf nicht Primärziel sein	64 %	20 %	9 %	5 %
Durchökonomisierung der Medizin sollte vermieden werden	45 %	34 %	13 %	5 %
Einbeziehung des Patienten in ökonomische Überlegungen wichtig	51 %	25 %	14 %	7 %
Mehr Transparenz in den Kosten des Gesundheitswesens	68 %	18 %	6 %	3 %
Gesundheitsökonomie hilft Organisation im Alltag	42 %	24 %	17 %	12 %
Weiterentwicklung des DRG-Systems essenziell	44 %	21 %	13 %	12 %
Gesundheitsökonomie passt nicht zum Solidarsystem	5 %	26 %	15 %	47 %
Unter den aktuellen Bedingungen kann hochwertige Versorgung gewährleistet werden	31 %	34 %	16 %	14 %
Effizientere Behandlungsmethoden können durch Gesundheitsökonomie identifiziert werden	38 %	36 %	9 %	8 %
Gesundheitsökonomie kann Ausgaben im Gesundheitswesen gerecht verteilen	15 %	43 %	22 %	13 %
Gesundheitsökonomie spart Kosten, verschlechtert jedoch die Versorgungsqualität	17 %	30 %	18 %	28 %
Lebensqualitätsmessungen wichtig für gesundheitsökonomische Analysen	61 %	18 %	10 %	3 %
Deutschland braucht mehr gesundheitsökonomische Analysen, um das Gesundheitswesen leistungsfähig zu erhalten	41 %	26 %	9 %	12 %

* In den Fällen, in denen die Addition der vier Anteilswerte keine 100 % ergibt, liegt Item-nonresponse vor. Der übrige Teil der Befragten wählte in diesen Fällen entweder die Antwort „Weiß Nicht" bzw. machte „Keine Angabe" zum entsprechenden Sachverhalt.

(Potempa & Rychlik, 2018)

Zusammenfassung

ERGEBNISSE

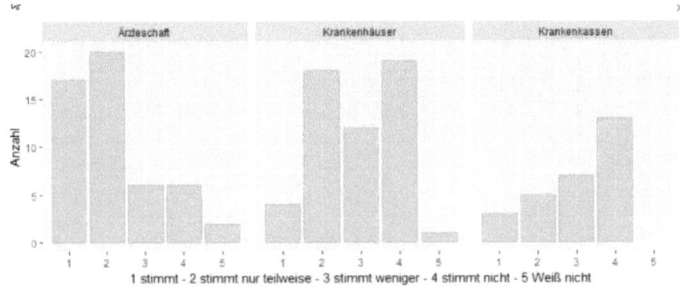

| Abb. 3 Durch Ansätze der Gesundheitsökonomie lassen sich zwar Kosten sparen, die Qualität der Versorgung verschlechtert sich jedoch|

 Unterschied zwischen Leistungserbringer und Krankenkassen

(Potempa & Rychlik, 2018)

Anschlussstudie

IDEENFINDUNG

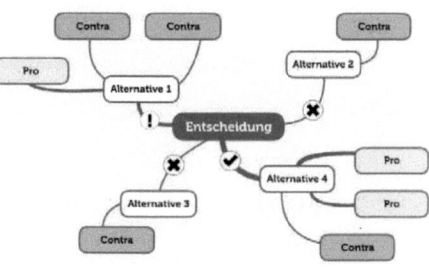

Quelle:
https://www.unternehmerlexikon.de/b
rainstorming/

Quelle:
https://karrierebibel.de/mindmap/

Anschlussstudie

FORSCHUNGSFRAGE

Können Maßnahmen und Konzepte der Gesundheitsökonomie
sowohl zur Qualitätssteigerung, als auch zur Kostenreduktion
in der medizinischen Versorgung dienen?

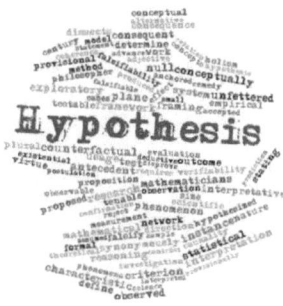

H0 – Die befragten Gruppen ordnen die Maßnahmen und
Konzepte der Gesundheitsökonomie differenziert ein.

H1 – Die befragten Gruppen ordnen die Maßnahmen und
Konzepte der Gesundheitsökonomie einheitlich ein.

Quelle:
https://de.123rf.com/photo_1719813
4_abstraktes-wort-wolke-f%C3%BCr-
hypothese-mit-verwandten-tags-und-
begriffe.html

Anschlussstudie

RELEVANZ

- 1. *Wissenschaftlich relevant:* Ja, vgl. Diskussionen in der Politik und Gesellschaft über Qualität und Effizienz im Gesundheitswesen.
- 2. *Gesellschaftlich relevant:* Zukünftige Bezahlbarkeit (vgl, Epoch Times, 2018).
- 3. *Fachwissen anknüpfen:* Die Ausgangsstudie aus 2018.
- 4. *Bearbeitbar:* Ja, mittels quantitativer und qualitativer Methoden.
- 5. *Das Thema eindeutig formuliert:* Siehe Forschungsfrage.
- 6. *Relevante Quellen:* Siehe Literaturverzeichnis und Studienlage.
- 7. *Vorkenntnisse:* Sollten vorhanden sein bzw. erlernt werden.

(Hug & Poscheschnik, 2015)

Anschlussstudie

STUDIENDESIGN UND STUDIENMETHODE

Studiendesign: Survey   Studienmethode: Online-Survey via Email

Teilnehmer: Niedergelassene Ärzte (Erreichung über Kassenärztliche Bundesvereinigung)
Krankenhausgeschäftsführung (Erreichung über Deutsche Krankenhausgesellschaft
Gesetzliche Krankenkassen (Erreichung über GKV-Spitzenverband)
Private Krankenkassen (Erreichung über Verband der PKV)
Wissenschaftler der Gesundheitsökonomie (Hochschulen mit Fachbereich)

Inhalt: Methoden allgemeiner Handlungsrahmen
Methoden für den ambulanten Sektor
Methoden für den stationären Sektor
Abfrage der Gruppenzugehörigkeit

Skala: 5-stufige Skala

Quelle:
https://de.123rf.com/photo_16720034_abstrakte
s-wort-wolke-f%C3%BCr-klinische-studie-
design-mit-verwandte-tags-und-begriffe.html

Anschlussstudie

SURVEY

Gesundheitsökonomie - Survey

KONZEPTE UND METHODEN ZU QUALITÄT UND KOSTEN IM GESUNDHEITSWESEN

Herzlichen Dank, dass Sie sich die Zeit für diese Survey nehmen. Um Methoden und Konzepte für eine kostengünstigere und zugleich qualitativ bessere gesundheitliche Versorgung praxisnah beurteilen zu können, bitten wir Sie die nachfolgenden Aussagen mit einem Kreuz, welches am ehesten Ihrer Auffassung entspricht zu bewerten und an survey@Gesundheitswesen.de zurück zu senden. Der Survey wird anonym behandelt.

	Stimme zu	Stimme eher zu	Weder noch	Stimme eher nicht zu	Stimme nicht zu
Frage 1: Der Morb-RSA verteilt das Gesamtbudget im Gesundheitswesen effizient.	☐	☐	☐	☐	☐
Frage 2: Der Einheitliche Bewertungsmaßstab und die Budgetierung führen zu einer Unterversorgung der Bevölkerung mit Gesundheitsleistungen	☐	☐	☐	☐	☐
Frage 3: Das German DRG System vermindert die Versorgungsqualität im stationären Sektor.	☐	☐	☐	☐	☐
Frage 4: Das Wirtschaftlichkeitsgebot ist für das Gesundheitssystem notwendig.	☐	☐	☐	☐	☐
Frage 5: Das Angebot von individuellen Gesundheitsleistungen (IGeL) steigert die Versorgungsqualität im ambulanten Sektor	☐	☐	☐	☐	☐
Frage 6: Ein Pay for Performance System steigert die Versorgungsqualität im stationären Sektor.	☐	☐	☐	☐	☐

Anschlussstudie

SURVEY

Gesundheitsökonomie - Survey

SEITE 2

	Stimme zu	Stimme eher zu	Weder noch	Stimme eher nicht zu	Stimme nicht zu
Frage 7: Das Modell „Gesundes Kinzigtal" kann als Vorbild für ein deutschlandweites System dienen.	☐	☐	☐	☐	☐
Frage 8 Ein verbindliches System der Hausarztzentrierten Versorgung reduziert Kosten	☐	☐	☐	☐	☐
Frage 9 Die duale Krankenhausfinanzierung wirkt kostenreduzierend.	☐	☐	☐	☐	☐
Frage 10: Die Regelungen zur Kassenzulassung im ambulanten Bereich sind notwendig, um Versorgungsqualität nicht zu gefährden.	☐	☐	☐	☐	☐
Frage 11: Die Krankenhausdichte und Krankenhausbettenanzahl sind notwendig, um die Versorgungsqualität nicht zu gefährden.	☐	☐	☐	☐	☐

	Stationärer Sektor	Ambulanter Sektor	Private Krankenkasse	Gesetzliche Krankenkasse	Hochschule
Frage 12 Welcher Interessengruppe gehören Sie an?	☐	☐	☐	☐	☐

Vielen Dank für Ihre Teilnahme!

Anschlussstudie

DATENAUSWERTUNG

Auswahl der korrekt ausgefüllten Rückläufer

Deskriptive Statistik

Mittelwert und Modus je Frage Gruppenbezogen (Varianz > 1 wird als differenziert gewertet)

Hypothesentests

Inferenzstatistik:
Hypothesentest bezogen auf
das Gruppenantwortverhalten (Signifikanzniveau 5 %)

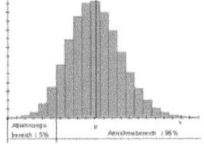

Anschlussstudie

FAZIT

Nach Ablehnung oder Bestätigung der Hypothese H0 kann die Forschungsfrage beantwortet werden.

(Gruppenübergreifende Detektion von Maßnahmen für oder gegen Qualität und Kosten)

Quelle:
https://www.topcorrect.de/blog/das
-fazit-in-einer-wissenschaftlichen-
hausarbeit/

<u>Weitere mögliche Erkenntnisse:</u>

Aufzeigen von Spannungsfeldern zwischen einzelnen Gruppen
Unterschied Theorie (Wissenschaft) und Praxis (Akteure)
Darstellen von geeigneten Maßnahmen und Methoden für Qualität und Kostensenkung

Literaturverzeichnis

Epoch Times (Hrsg.) (2018). *Brüssel kritisiert „Überversorgung" im deutschen Gesundheitswesen*. Verfügbar unter: https://www-epochtimes-de.cdn.ampproject.org/v/s/www.epochtimes.de /politik/deutschland/bruessel-kritisiert-ueberversorgung-im-deutschen-gesundheitswesen-a2688278.html/amp?_gsa=1&amp_js_v=0.1#refrrer=https%3A%2F%2F www.google.com&_tf=Von%20%251%24s&ampshare=https%3A%2F%2Fwww.epochtimes .de%2Fpolitik%2Fdeutschland%2Fbruessel-kritisiert-ueberversorgung-im-deutschen-gesundheitswesen-a2688278.html (30.10.2018).

Hug, T. & Poscheschnik, G. (2015). *Empirisch forschen*. Wien: Huter & Roth.

Potempa, C. & Rychlik, R. (2018). Zum Stellenwert der Gesundheitsökonomie in Deutschland. *Gesundheitsökonomie & Qualitätsmanagement 23 (3), 152-158*. Verfügbar unter: https://www.thieme-connect.com/products/ejournals/html/10.1055/a-0634-0163?update=true#N67653 (16.10.2018).

Vielen Dank für Ihre Aufmerksamkeit! Haben Sie noch Fragen?

Quelle: https://www.me-mo-tec.de/de/Verkauf/Fragen-Sie